# Digitalisierung und Marketing. Wie wichtig ist Online-Marketing für selbstständige Unternehmer?

GRIN ☺

**Bibliografische Information der Deutschen Nationalbibliothek:**

Die Deutsche Nationalbibliothek verzeichnet diese Publikation in der Deutschen Nationalbibliografie; detaillierte bibliografische Daten sind im Internet über http://dnb.d-nb.de abrufbar.

ISBN: 9783346229571
Dieses Buch ist auch als E-Book erhältlich.

Druck und Bindung: Books on Demand GmbH, Norderstedt Germany
Gedruckt auf säurefreiem Papier aus verantwortungsvollen Quellen

Das vorliegende Werk wurde sorgfältig erarbeitet. Dennoch übernehmen Autoren und Verlag für die Richtigkeit von Angaben, Hinweisen, Links und Ratschlägen sowie eventuelle Druckfehler keine Haftung.

Das Buch bei GRIN: https://www.grin.com/document/910065

**FOM Hochschule für Oekonomie & Management**

Studienzentrum München

**Hausarbeit**

über das Thema

**Bedeutung und Einflussfaktoren des Online Marketings für selbstständige Unternehmer im Zuge der Digitalisierung**

Abgabedatum 19.02.2020

Inhalt

# Abbildungsverzeichnis

IV

**Tabellenverzeichnis:**

## 1. Einleitung

„Das Internet ist wie eine Welle: Entweder man lernt auf ihr zur schwimmen oder man geht unter"[1]

Dieses kurze, dennoch aussagekräftige Zitat von Bill Gates sollte sich wohl jedes Unternehmen vor Augen führen. Der online Präsenz, ausgehend vom Internet, ist heutzutage ein fester Bestandteil für die Reichweite und Akzeptanz eines jedes Unternehmens. Dieser digitale Präsenz gilt vor allem für die Bereich des Marketings. In diesem hat in den letzten Jahren ein bedeutender Wandel eine Rolle gespielt. Der Wandel rangt vom klassischen Marketing durch Medien wie der Fernseher, das Radio oder die traditionelle Zeitung bis hin zum modernen online Marketing mit Suchanzeigen Optimierung oder Bannerschaltung.

Die Bedeutung der modernen Art des Marketings nimmt fortlaufend zu. Immer mehr Unternehmen erkennen den Trend und schichten ihre Werbemittel von den klassischen Tätigkeiten zu moderne, innovative Marketing Tätigkeiten um. Es ist nicht fragwürdig, woraus dieser Wandel resultiert. Er geht schichtweg aus der Digitalisierung unserer Gesellschaft hervor. Die technischen Fortschritte und die Attraktivität der Innovationen haben unsere Gesellschaft an das Internet und die konsequente Benutzung dessen gebunden. Eine digitale Kommunikation durch Smartphones oder Computer sind aus dem alltäglichen Leben, ob privat oder geschäftlich, nicht mehr wegzudenken. Man könnte annehmen, dass essenzielle Bestandteile unseres Lebens in das Internet verlegt wurden. Hierzu kann zum Beispiel der Konsum aber auch die soziale Komponente gezählt werden. Aufgrund dessen sind die Unternehmen mehr oder weniger dazu gedrängt, auf digitale Art und Weise über das Internet ihre Kunden zu erreichen.

### 1.1 Zielsetzung

Ein großer Teil der deutschen Unternehmen setzten bereits erfolgreich ihre online Marketing Aktivitäten ein und erzielen durchaus einen wirtschaftlichen Erfolg damit. Der andere Teil der Unternehmen scheint die Vielfalt oder die Bedeutung der Internetwerbung noch nicht erkannt zu haben.[2] Es sind meist die großen Konzerne, die etliche Summen an Marketinggelder ausgeben und auf vielfältigste Art und Weise somit ihre Kunden erreichen. Was ist im Vergleich dazu mit den kleinen Unternehmen? Jene, die nur zehn Mitarbeiter halten oder komplett als einzelne Person selbständig sind? Es

---

[1] www.quotez.net , Zugegriffen am 17.02.2020
[2] Vgl. Schwarz, T., Erfolgreiches Online-Marketing, 2017, S. 13.

scheint, als ob diese die Relevanz der Internetpräsenz und die damit verbundene digitale Werbung, nicht sehen. Aus dieser Problematik stellt sich die Forschungsfrage, welche Bedeutung online Marketing für selbstständige Unternehmer im Zuge der Digitalisierung hat und welche Einflussfaktoren eine Rolle spielen.

Ziel dieser Seminararbeit ist es, diese Frage mittels einer qualitativen Umfrage zu beantworten, um eine Veranschaulichung des Themas darzustellen und eine bessere Nachvollziehbarkeit zu erlangen. Hierfür wird ein Interview mit einem selbstständigen Unternehmer herangezogen, um zu ermitteln ob die Relevanz von online Marketing wirklich nicht erkannt ist oder ob andere Faktoren eine Rolle spielen. Die Fragen sind dabei so gewählt, dass unterschiedliche Betrachtungsweisen durchleuchtet werden können. Anhand dessen wird die darauffolgende Analyse des Interviews Aufschluss darüber bringen, welche Stellung ein selbstständiger Unternehmer nun wirklich gegenüber dem Online Marketing innehält und welche Faktoren dabei eine Rolle spielen. Damit wird versucht eine allgemeine Aussage über die Bedeutung des online Marketings und die Einflussfaktoren darauf aus Sicht eines selbstständigen Unternehmers im Zuge der Digitalisierung zu gewinnen. In wie weit sich darüber eine allgemeine Aussage schließen lässt, wird im Fazit behandelt.

**1.2 Gang der Untersuchung**

Im Grundsatz besteht diese Seminararbeit aus einem theoretischen und einem empirischen Teil. Im ersten Kapitel wird die herrschende Problematik und die darauf resultierende Forschungsfrage mit dem dazugehörigen Ziel beschrieben. Im Anschluss daran folgt die theoretische Fundierung, welche die Begrifflichkeit des online Marketings abgrenzt und zwei Instrumente dessen vorstellt. Nachdem folgt die Darstellung des geschätzten Marketing Aufwands mit der Bedeutung im digitalen Zeitalter. Die Definition eines selbständigen Unternehmers schließt die Theorie ab. Der darauffolgende Empirische Teil der Arbeit beinhaltet die angewandte Methodik. Diese behandelt ausführlich die Beschreibung der in der Hausarbeit angewandten Methode der Datenerhebung. Darauf wird die Datenauswertung erläutert, unmittelbar gefolgt von der Ergebnisdarstellung. Mit der Interpretation der Ergebnisse schießt das dritte Kapitel ab. Das Ende dieser wissenschaftlichen Hausarbeit bildet das Fazit, welches sich aus den ausschlaggebenden Erkenntnissen der Empirie, die Beantwortung der Forschungsfrage, einer kritischen Betrachtung der Ergebnisse und ein weiterer Forschungsbedarf zusammensetzt.

## 2. Theoretische Fundierung

In diesem Kapitel wird der theoretische Teil dieser Seminararbeit behandelt. Dabei wird zum Anfang das online Marketing als solches definiert und abgegrenzt. Danach werden die wesentlichen Instrumente des online Marketings erläutert. Im Anschluss daran folgen die Bedeutung und Relevanz von online Marketing im digitalen Zeitalter. Der anschließende Teil des zweiten Kapitels bildet die Darstellung des Aufwands für das online Marketing. Zum Schluss folgt eine kurze Erläuterung des Begriffes: selbständiger Unternehmer.

### 2.1 Online Marketing

Online Marketing als Begriff bedarf nicht nur einer klaren Definition, sondern auch eine Abgrenzung zum Ausdruck des Internetmarketings an sich.

Das Internetmarketing als solches umfasst alle klassischen Marketing Aktivitäten, die im Internet oder in Verbindung mit dem Internet stattfinden. Im Mittelpunkt dieser steht bestenfalls die eigene Homepage des Unternehmens oder eine Verknüpfung zu jener. Die diversen Marketing Aktivitäten gehen idealerweise aus dem klassischen Gesamtmarketingmix, zusammengesetzt aus Preis-, Kommunikations-, Distributions-, und Produktpolitik, hervor.[3]

Online Marketing umfasst alle Maßnahmenbündel und Aktivitäten im Umfeld des Internets. Es hat das Ziel (potenzielle) Käufer bzw. Interessenten auf die eigenen Produkte oder Dienstleistungen aufmerksam zu machen. Man möchte den Mehrwert des Unternehmens darstellen, Interesse wecken und im Idealfall daraus Geschäft(sbeziehungen) generieren. Damit umfasst das online Marketing alle Aktivitäten von der Planung und Organisation bis hin zur Durchführung als auch Kontrolle dieser.[4]

---

[3] Vgl. Lammenett, E., Praxiswissen Online Marketing, 2009, S. 22 f.
[4] Vgl. Olbricht R., et al, Electronic Commerce und Online Marketing, 2015, S. 17.

Somit wurden die Begriff Internetmarketing von online Marketing klar abgegrenzt.
Letzterer wird in dieser Arbeit thematisiert.

### 2.1.1 Instrumente des Online Marketings

Was damals beispielsweise einfache Zeitungsannoncen waren, sind heute digitale
Werbeanzeigen auf unterschiedlichster Art und Weise. Das Ausmaß der Onlinewerbung
hat rapide zugenommen. Es ist heutzutage eines den wirkungsvollsten und
leistungsfähigsten Bereichen der Werbung. Zumal es im jetzigen digitalen Zeitalter
kaum wegzudenken ist. Im Wesentlichen wird es in drei Teilbereiche unterteilt. Diese
sind das E-Mail-Marketing, das Suchmaschinenmarketing und das Affiliate Marketing.[5]
Den genauen Einsatz und die Wirkungsweisen der beiden Letzteren werden im weiteren
Verlauf näher beschrieben.

*Suchmaschinenmarketing*

Diese erste Ausprägung des Online Marketing beinhaltet, wie der Name bereits erahnen
lässt, diverse Suchmaschinen im Internet. In diesen werden Werbeangebote von
zahlenden Unternehmen geschalten in Form von der Rangplatzierungen. Diese
ermöglichen eine möglichst weit obere Platzierung in den Ergebnislisten bei
Suchanfragen, sodass die zahlenden Unternehmen als erstes in den Blick des Suchenden
geraten.[6]

Mittels einer Studie von Fittkau & Maaß wurde festgestellt, dass 1/3 von 103 Tausend
befragten Internetnutzern über eine Anzeige in diversen Suchmaschinen zur Homepage
bzw. zum online Produktangebot des inserierten Unternehmens stoßen. Neben diesem
Effekt erfüllt das Suchmaschinenmarketing auch eine weitere wichtige Leistung. Diese
ist die Informationssuche im Internet über ein gewünschtes Produkt, welches die
Interessenten dann im Nachhinein im stationären Markt erwerben.[7]

Gerade wegen der einfachen Informationsbeschaffung durch das Internet versuchen
viele Firmen diese Tatsache für sich zu nutzen, um potenzielle Neukunden zu gewinnen

---

[5] Vgl. Lammenett E., Praxiswissen Online Marketing, 2015, S. 32 ff.
[6] Vgl. Stuber, L., Suchmaschinen-Marketing, 2004, S. 13.
[7] Vgl. Lammenett, Praxiswissen Online Marketing, 2015, S. 135 f.

und um sich damit am Markt erfolgreich zu etablieren. Etliche Unternehmen sind daher bereits komplett auf den online Vertrieb umgestiegen. [8]

*Affiliate Marketing*

Diese Form des Marketings beruht auf ein gesteuertes Verkaufskonzept, bei dem der sogenannte Affiliate gegen Geld bestimmte Werbeanzeigen auf seiner eigenen Website für das zahlende Unternehmen veröffentlicht. Erbringt der Affiliate durch die Platzierung der Produkte o.Ä. dem Merchant (Auftraggeber) Einnahmen mittels einer Bestellung beispielsweise, wird der Affiliat dafür provisioniert.[9] Ein besseres Verständnis dieser Verknüpfung soll die folgende Abbildung bieten.

**Abbildung 1: Beziehungsgeflecht des Affiliate Marketings**

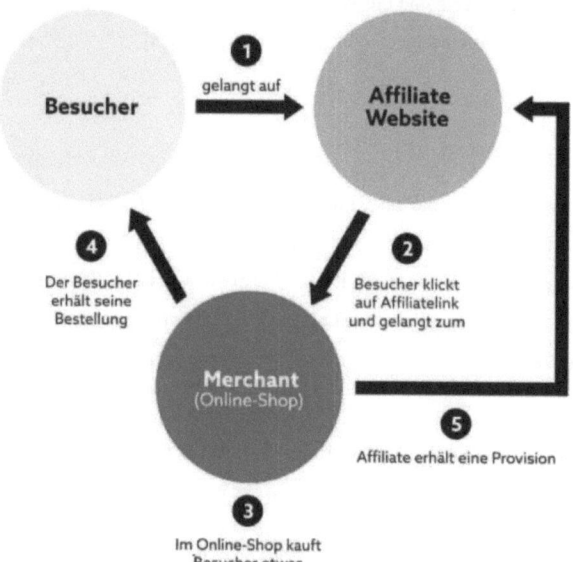

Quelle: Meier,A., SevDesk, 2019, o.S.

Eine andere Form des Affiliate Marketings hat das gleiche Beziehungsgeflecht als Kern, beinhaltet aber eine monatliche Vergütungspauschale unabhängig von der erbrachten Umsatzeinnahmen. [10]

Vor allem durch soziale Medien und die einfache Darstellung von Werbeanzeigen im Netz, verbunden mit der häufigen Nutzung von Mobiltelefonen, hat Affiliate Marketing

---

[8] Vgl. Schulz, T., Einsatz von Suchmaschinen als Instrument der Neukundengewinnung, 2010, S. 1
[9] Vgl. Lammenett, E.,Praxiswissen Online Marketing, 2015, S. 33.
[10] Vgl. Sternberg, A., Affiliate-Marketing Assistent, 2019, S. 12.

von der Entstehung bis zum heutigen Zeitpunkt durchaus an Bedeutung gewonnen und verspürt einen konsequenten Anstieg.[11]

### 2.1.2 Aufwand des online Marketings

Beim Betreiben des online Marketings nimmt der damit verbundene Aufwand eine bedeutende Rolle ein. Der Aufwand kann sowohl monetär sein als auch zeitlicher oder personeller Natur entsprechen. Die Kosten für das online Marketing können nicht verallgemeinert werden und sind abhängig von dem jeweiligen Ausmaß an Aktivitäten, der Ausgangssituation und den Zielvorstellungen des zahlenden Unternehmens. Auch was den zeitlichen oder personellen Aufwand anbelangt, lassen sich nur grobe Werte beziffern.[12] Eine grobe Konkretisierung des Aufwands ist Herrn Erwin Lammenett gelungen. Seine Einschätzungen des Aufwands für online Marketing wird in folgender Tabelle zusammengefasst darstellt. Dabei werden die hier im Theorieteil bereits erwähnten Formen des Marketings, Affiliate Marketing und Suchmaschinenmarketing, dargelegt. Die Personalkosten werden in Personaltagen und die Kosten in monatlichen Beträgen angegeben.

**Tabelle 1: Durchschnittlich geschätzter Aufwand für das Online Marketing**

| Art des online Marketing | durchschnittlicher Personalaufwand | geschätzter Kostenaufwand |
|---|---|---|
| Affiliate Marketing | 4 | 400-1.000 € |
| Suchmaschinenmarketing | 7 | 2.000-10.000€ |

Quelle: Eigene Darstellung, in Anlehnung an Lammenett E., Praxiswissen Online Marketing, 2918, S. 515 ff.

### 2.1.3 Bedeutung im digitalen Zeitalter

Wie eingangs bereits erwähnt, ist online Marketing im 22. Jahrhundert nicht mehr wegzudenken. Die Gründe für die steigende Relevanz des online Marketings sind in vielen Entwicklungen zu sehen, wobei der ausschlaggebendste Grund mit Sicherheit die Verbreitung des Internets als Massenmedium sowie die örtliche, zeitliche und Medium

---

[11] Vgl. Lammenett, E.,Praxiswissen Online Marketing, 2015, S. 34.

[12] Vgl. Lammenett, E., Praxiswissen Online Marketing, 2019, S. 514 f.

unabhängige Nutzung dessen ist.[13] Durch diese unabhängige Variable ist zudem eine personalisierte und individuelle Ansprache möglich, wobei die Wahrscheinlichkeit eines Kaufabschlusses erhöht wird. Mit Hilfe von digitalen Tools können die Erfolge messbar gemacht und eventuelle Optimierungsmöglichkeiten eingeleitet werden. Dazu leisten auch Interaktionen über das Internet, mit dem Ziel die Reichweite zu steigern, einen positiven Beitrag. Diese Reichweite bemisst sich nicht nur lokal, sondern durchaus global.[14] In Anbracht dieser Aspekte ist es nachvollziehbar, dass das online Marketing ein ausschlaggebendes Kriterium für den Anstieg des Umsatzes darstellt. Welchen Ausmaß das hat und wie die Prognosen bis 2023 sind, soll folgende Darstellung ermöglichen.

**Abbildung 2: Umsätze durch Online Marketing in Deutschland**

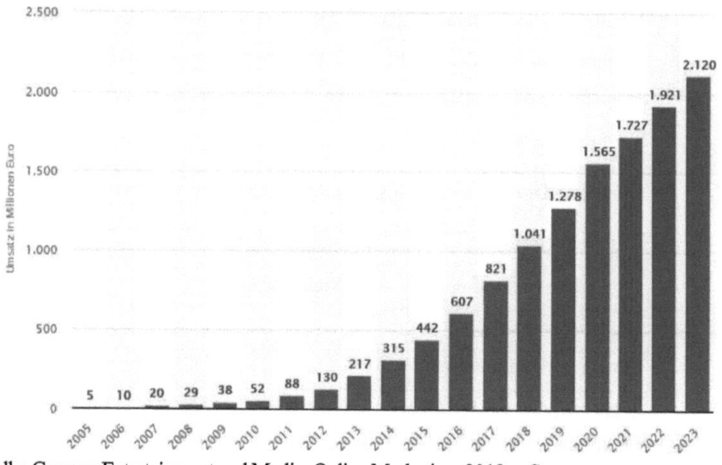

Quelle: German Entertainment and Media, Online Marketing, 2019, o.S.

Anhand dieser Darstellung ist ersichtlich, dass die Umsätze durch online Werbung einen signifikanten Anstieg verzeichnen und die Prognosen einen weiteren Anstieg raussausagen. Hierdurch wird die Wichtigkeit des online Marketings für jede Art von Unternehmen unterstrichen.

---

[13] Vgl. Prevezanos, C., Computerlexikon, 2012, S. 425
[14] Vgl. Kollmann, T.,Online-Marketing S. 101 ff.

## 2.2 Selbständiger Unternehmer

Als berufliche Selbstständigkeit wird nach Sozialgesetzbuch eine Gründung zur Sicherung einer unternehmerischen Existenz auf Basis eines selbstständigen Arbeitsverhältnisses verstanden. Im Gegensatz zur abhängigen Beschäftigung ist der selbständige Unternehmer freier Bestimmung über seine Tätigkeitsausübung. Er unterliegt keinem Weisungsrecht von einem Arbeitgeber, hat aber ein eigenes Unternehmerriskio. Die Selbständigkeit kann als Rechtsform des Einzelunternehmens oder der Gesellschaft ausgeführt werden, wobei Rechnungen und verkauften Leistungen auf eigenen Namen erfolgen müssen. [15]

## 3. Methodik

Nachdem im zweiten Abschnitt die theoretischen Grundlagen des online Marketings und der Selbständigkeit abgedeckt wurden, setzt sich dieses dritte Kapitel mit der angewandten Methodik der vorliegenden Hausarbeit auseinander. Die Methodik dient als Überleitung vom theoretischen Teil der Arbeit zur Empirie, in der die qualitative Befragung verwendet wird. In dem ersten Unterpunkt wird das methodische Vorgehen zur Datenerhebung näher erläutert. Der zweite Unterpunkt stellt die Art und Weise der Datenauswertung und das Endes des dritten Kapitels dar.

## 3.1 Datenerhebung

Mit Hilfe von der empirischen Sozialforschung will man Aussagen über die Struktur und Beschaffung der jetzigen Umgebung machen können. Dazu gehört die deskriptive und qualitative Forschungsmethode dieser Seminararbeit.[16] Durch die Gütekriterien nach Mayring wird die Qualität der Forschungsergebnisse garantiert. Diese Kriterien werden im Folgenden aufgezählt und die Anwendung bzw. die Gewährleistung dieser danach erläutert.

---

[15] Vgl. Nathusius, K., Szyperski, N., Unternehmensgründung, 1999, S. 42 f.
[16] Vgl. Misoch, S., Qualitative Interviews, 2015, S. 1 ff.

*Gütekriterien*

1) Verfahrensdokumentation. Mittels der ausführlichen Transkription des Interviews und der Beschreibung der Durchführung im Methodenteil wird dieses erstes Gütekriterium gewährleistet.

2) Argumentative Interpretationsabsicherung. Diese Absicherung ist gegeben durch die Kategorienbildung mit Hilfe der im zweiten Kapitel beschriebenen Theorie. Es wurden im Voraus Kategorien, Unterkategorien und dazugehörige Definitionen erstellt.

3) Regelgeleitetes Handeln. Die Feststellungen aus der Transkription wurden durch Ausführliche Überprüfung den Kategorien zugeordnet.

4) Nähe zum Gegenstand. Diese Alltagsnähe ist abgedeckt, da ein plausibles Thema aus der alltäglichen (Berufs-)Welt der befragten Personen gewählt wurden.

5) Kommunikative Validierung. Die Validierung wurde durch das mündliche Durchsprechen der Ergebnisse nach der Befragung mit dem Interviewpartner eingehalten.[17]

*Qualitativ und quantitativ*

Zudem werden im Allgemeinen die Forschungsmethoden in qualitativ und quantitativ unterteilt. Die quantitative Forschung orientiert sich mit dem Messen, Testen und Experimentieren an der naturwissenschaftlichen Methodologie. Der gewonnene Ausschnitt aus der Beobachtungsrealität ist numerisch und kann statistisch ausgewertet werden. Im Gegenspiel dazu betonen qualitative Daten die Wichtigkeit weitläufiger Einblicke in die subjektive Weltsicht der untersuchen Sachverhalte mit speziell für diesem Zweck entwickelten Methoden, beispielsweise eine Befragung, welche in dieser Hausarbeit Anwendung gefunden hat.[18]

*Primär- und Sekundärforschung*

Die Art der Datenerhebung beläuft sich in dieser Seminararbeit auf die Sekundärforschung. In dieser Forschung werden die Daten ursprünglich vor dem

---

[17] Vgl. Mayring, R., Qualitative Inhaltsanalyse, 2016, S. 116-119.
[18] Vgl. Bryman, A., Bell, E., Business Research Methods, S. 408 f.

Hintergrund einer anderen Fragestellung erhoben, jedoch unter Bezugnahme auf die aktuelle Forschungsfrage neu analysiert und ausgewertet. Daneben gibt es die Primärforschung als Forschungsdesign, bei dem die Daten neu und explizit für die untersuchende Problemstellung erhoben werden.[19]

*Induktion und Deduktion*

Zur Gewinnung von wissenschaftlichen Erkenntnissen werden zudem Induktion oder Deduktion angewendet. Bei der Deduktion wird zuerst geprüft, ob die herrschende Literatur für bestimmte Fälle gilt. Im Gegenstück dazu zieht der induktive Ansatz Beobachtungen heran, auf die ein allgemeiner Bezug möglich ist. Da der deduktive Ansatz frühere Erwartungen voraussetzt und ein systematischer Prozess ist, wird er in dieser Arbeit angewendet.[20]

*Experten- bzw. Stichprobenbeschreibung*

Ein Experte wird als eine Person definiert, welche ein umfangreiches Wissen in einem speziellen Fachgebiet aufweist, indem die Person sich dieses entweder durch ein Studium oder durch jahrelange praktische Erfahrung angeeignet hat.[21] Für die Befragung in dieser Hausarbeit wurde ein Proband mit 32 Jahre langer Erfahrung in seinem Berufsumfeld herangezogen. Dieser arbeitet als selbständiger Kaufmann in der Automobilbranche, ununterbrochen seit wie bereits erwähnt 32 Jahren, weshalb man ihm die Qualifikation eines Experten zuweisen darf. Die Befragung wurde anonym und per Telefon durchgeführt. Alle personenbezogenen Daten wurden in der Transkription zensiert. Um das Experteninterview festzuhalten und für eine spätere Analyse zugänglich zu machen, wurde das Interview mit einem Ton Gerät aufgezeichnet. Diese Aufnahme wurde vorher von dem Probanden eingewilligt und möglichst ohne Störgeräusche aufgezeichnet an einem geschlossenen Ort.

*Interviewstruktur*

Bei der Interviewstruktur kann nach drei verschiedenen Arten des Interviews unterschieden werden. Dazu zählt das offene, das halboffene oder das standardisierte

---

[19] Vgl. Eichhorn, S., et al, .Ein praxisorientierter Leitfaden, 2009, S. 23.
[20] Vgl. Bryman, A., Bell, E., Business Research Methods, S. 11 -17.
[21] Vgl. Baur, N., Blasius, J., Methoden der Sozialforschung, 2014, S. 559 f.

Interview. Das Gegenteil von dem standardisierten Interview, in dem sowohl die Fragen als auch die Antworten vorgegeben werden, ist das offene Interview. Das offene Interview verfolgt das Ziel, dass die Streuung der Befragung dem Experten selbst obliegt, in dem Sinn, welche Themenbereiche er behandelt. [22] In dieser Befragung findet das halboffene bzw. das semi-strukturierte Interview Anwendung. Bei diesem bildet ein vorgefertigter Leitfaden die Grundlage der Frageoptionen. Der Interviewer ist, aber nicht strickt an diesen Leitfaden gebunden, wodurch er das Gespräch auf die relevanten Themengebiete lenken kann und er keiner genauer Fragefolge verpflichtet ist. Der Interviewer hat somit die Möglichkeit des Nachfragens oder des Aufgreifens von später terminierten Themengebieten, wenn sich die Gelegenheit anbietet. [23]

## 3.2 Datenauswertung

Als Auswertungsmethode für das Interview findet die Codierung mit Hilfe der qualitativen Inhaltsanalyse Anwendung. Im Fokus steht dabei die Analyse des Transkripts, um daraus Rückschlüsse auf die Forschungsleitfrage ziehen zu können. Mittels der vorzeitigen Kategorienbildung können Textpassagen aus dem Transkript spezifischen Ober- oder Unterkategorien zugeteilt werden. Grundsätzlich gibt es, wie im vorherigen Kapitel bereits erwähnt, zwei Varianten, wie diese Kategorien gebildet werden können. Diese ist die induktive oder deduktive Variante. [24] Da aufgrund des aktuellen, aus der Theorie ersichtlichen, Forschungsstand bereits Interviewfragen gebildet werden konnten, erfolgte bei der Wahl der Oberkategorien eine deduktive Vorgehensweise. Die Unterkategorien wurden mithilfe des induktiven Ansatzes gebildet. Beide Kategorie Arten, die Definition dieser, als auch die dazugehörigen Ankerbeispiele, und nötige Codier Regeln werden im Anhang näher behandelt.

## 4. Ergebnisse

In diesem vierten Abschnitt findet sich die sachliche Darstellung der gewonnen Erkenntnisse aus der Befragung mit Hilfe von einzelnen Kategorien wieder. Mit der Interpretation der Ergebnisse endet das Kapitel, in dem die Theorie mit den gewonnenen Erkenntnissen verknüpft wird.

---

[22] Vgl. Baur, N., Blasius, J., Methoden der Sozialforschung, 2014, S. 562.
[23] Vgl.. Misoch, S., Qualitative Interviews, 2015, S. 13 f.

[24] Vgl. Mayring, P., Qualitative Inhaltsanalyse, 2010, S. 104 ff.

### 4.1 Ergebnisdarstellung

Die Ergebnisse der Befragung werden nun systematisch dargelegt zuerst mit der jeweiligen Oberkategorie, gefolgt von der Unterkategorie.

*Online Marketing*

   *Wissen über Instrumente*

Der Proband weist bereits ein Wissen über diverse Marketinginstrumente auf. Er nennt beispielsweise Suchmaschinenmarketing, Affiliate Marketing und die Nutzung eines Influencers als Mittel des Marketings.

   *Eigens genutzte Instrumente*

Die Marketingaktivitäten des selbständigen Unternehmers belaufen sich auf die eigene Homepage und einen Partneraccount, in welchem online Annoncen geschalten werden. Außerdem betriebt er eine Form von Affiliate Marketing, durch die Verlinkung in diversen Webseiten auf seine Unternehmenshomepage. Bei ist anzumerken, dass die Form dieses Affiliate Marketings keine nachträglichen Vergütungen bei der Umsatzgenerierung beinhaltet, sondern eine monatliche Pauschale.

Er betitelt außerdem die Erstellung von hochwertigem Videomaterial über seine Produkte als Marketingaktivität. Zudem sieht er die Verbreitung dieser über einen Dropbox Link auch als Marketinginstrument an.

*Einflussfaktoren*

   *Individuelle Einschränkung*

Als eine Einschränkung auf das online Marketing des selbständigen Unternehmers ist die Abhängigkeit von populären Plattformen anzusehen. Durch ein Inserat auf bekannten Webseiten ist mehr Reichweite zu verbuchen als wie es die eigenen Unternehmenswebsite bieten könnte.

   *Aufwandsfaktor*

Der personelle Zeitaufwand für die Onlinewerbung ist nach den Angaben des Befragten hoch und dieser variiert je nach Aufgabengebiet. Das Ausmaß dessen hält sich in Grenzen, es liegt jedoch bei mehreren Stunden pro Monat.

Der Kostenfaktor für den Unternehmer befindet sich monatlich im dreistelligen Bereich, wobei sich diverse Aktivitäten einmalig im vierstelligen Bereich befinden.

*Misserfolge*

Als weitere Einflussgröße auf das betriebene online Marketing sind Misserfolge anzusehen. Zu diesen Misserfolgen zählen bezahlte Inserate auf etablierten Webseiten, bei denen der erhoffte Erfolg ausblieb. Außerdem zählen zu den Misserfolgen diverse Darstellungsmöglichkeiten der Inserate in Form von erwerbbaren Packages, welche die Aufmachung des Inserats verbessern. In diesen Fall erzielte der Proband auch mit diesen kostenpflichtigen Visualisierungsmöglichkeiten kein Erfolg.

*Bedeutung des online Marketings*

*Persönliche Einstellung*

Die Einstellung gegenüber online Marketing aus Sicht des Befragten ist negativ. Er sieht online Marketing als überflüssig und ungebetene Unterbrechung an. Er lehnt Onlinewerbung bewusst ab und möchte nicht von dieser tangiert werden.

Der Befragte beruht auf die klassische Printmedienwerbung, welche seiner Ansicht nach mehr Resonanz erzielte als die derzeit genutzten Onlineinserate. Dabei kann angebracht werden, dass er generell eine ängstliche Einstellung gegenüber dem online Marketing aufweist. Das spiegelt sich in der Aussage wieder, dass er sich nicht bewusst ist, was die modernen Social Media Plattformen sind und er sich unbeholfen gegenüber dem vielseitigen Angebot an Marketinginstrumenten fühlt.

*Persönliche Einschätzung*

Die persönliche Einstellung gegenüber dem online Marketing des Unternehmers ist distanziert. Das ist einerseits ersichtlich, da er hohe Kosten scheut. Er nimmt an, dass die Onlinewerbung viel Geld kostet und dies mit seinen derzeitigen Erlösen kaum beglichen werden kann.

Andererseits ist die Distanzierung durch die eigens empfundene steigende Schwierigkeit und die Herausforderungen auf dem Markt für den mittelständischen Unternehmer sichtbar. Er betont oft, dass Kleinunternehmen Probleme auf dem Markt haben, geprägt durch den Zwang der ständigen Neuorientierung in Bezug auf die Onlinewerbung und der starken Konkurrenz.

### 4.2 Interpretation der Ergebnisse

Bei einem Blick auf den aktuellen Wissenstands des selbstständigen Unternehmers fällt die Breite an Wissen auf. Er kennt moderne Marketingaktivitäten wie beispielsweise Suchmaschinen Marketing, nutzt sie aber selbst nicht. Durch die Nutzung von Inseraten bzw. Verlinkungen als Form von Affiliate Marketing präferiert er kostengünstige bzw. kostenlose Alternativen zum online Marketing. Das Verhältnis der Wissensbreite zu dem geringen Einsatz von online Marketing Aktivitäten zeigt auch, dass er nicht viel Geld für Marketing ausgeben möchte. Ein gutes Beispiel hierfür ist eigenständige Kreierung von dem Content. Die im theoretischen Teil aufgezeigten durchschnittlichen Kostenaufwendungen für das Betreiben von online Marketing sind daher zu hoch eingestuft, wobei die Personellen bzw. zeitlichen Ressourcen der Wahrheit entsprechen. Beide eben benannten Faktoren stellen Hindernisse dar, welche Kleinunternehmer von dem online Marketing abhalten, da sie weder viel kosten für das Marketing aufwenden können noch den zeitlichen Raum dafür haben. Aber nicht nur diese Hürden, sondern auch die mit den bereits getätigten Marketingaktivitäten einhergehenden Misserfolge scheuen Kleinunternehmen vor der online Präsenz. Sie sind regelrecht abhängig von den etablierten Webseiten, da weitere oder darüberhinausgehende Marketingaktivitäten einen hohen monetären Bedarf verlangen und nicht die gewünschte Resonanz verbuchen. Aus diesem Grund ist es nicht fraglich, wieso Einzelunternehmen von modernen Werbemaßnahmen fernbleiben und daher kein bzw. wenig Geld in Onlinepräsenz investieren. Die konservative Einstellung des Befragten ist geprägt von Misserfolgen, daher hat sich auch die negative Einstellung gegenüber der Onlinewerbung ergeben. Die in der Theorie gedeutete Umsatzsteigerung durch online Marketing ist bei mittelständischen Unternehmen nicht anzunehmen. Sie haben nicht die Ressourcen, um Online Marketing erfolgreich betreiben zu können und haben die Konkurrenz bzw. die großen Konzerne im Rücken, welche den Kampf um die Kunden erschweren und eingeständige Unternehmer regelrecht erdrücken.

## 5. Fazit

Dieses letzte Kapitel dient als Abrundung dieser wissenschaftlichen Arbeit. Es soll dem Leser mittels der zusammengefassten Darstellung der Erkenntnisse einen ganzheitlichen Überblick über das Forschungsthema vermitteln.

Ganzheitlich wurde festgestellt, dass die Bedeutung von online Marketing bei selbständigen Unternehmern durchaus eine Rolle spielt. Die bewusste Relevanz dieser ist vorhanden im Gegensatz dazu aber nicht die nötigen Mittel dafür. Bei dem schnellen Fortschritt und den kurzlebdigenen Neuerungen fällt es vor allem den mittelständischen Unternehmen schwer, sich am Markt zu etablieren und zu festigen. Sie fühlen sich einerseits unterdrückt von den Konzernen, andererseits sehen sie auch keine andere Möglichkeit als mit den neusten Marketingmaßnahmen mitzuziehen, um dem Druck standzuhalten. Die Bedeutung des online Marketings von Seiten der Kleinunternehmer wird definitiv durch die Einflussfaktoren geprägt. Hierzu zählen Einschränkungen, die aus der Branche oder Unternehmensgröße hervorgehen. Zudem ist der Aufwand anzubringen, den alleinige Unternehmer durch das große zeitliche als auch monetäre Pensum nicht standhalten können. Zuletzt sind die Misserfolge auch von Fehlinvestitionen geprägt, welche die Unternehmer reuen und aus dem Grund keine weiteren oder neue Marketingmaßnahmen tätigen. Dadurch wurde die Forschungsfrage, welche Bedeutung hat Online Marketing für selbständige Unternehmer im Zuge der Digitalisierung und welche Einflussfaktoren spielen dabei eine Rolle?, beantwortet.

Die Umsatzsteigerungen, die mit erhöhten Marketing Aktivitäten einhergehen, können auch nur mit Investitionen in online Marketing erreichen werden. Einzelunternehmer, sollten hierbei nicht nur den Kostenaspekt berücksichtigen, sondern viel mehr den damit verbunden Nutzen sehen. Denn letztendlich sind die Kosten nebensächlich, solange der Nutzen in Verhältnis zu den Kosten gewinnt.

An dieser Stelle sollte kritisch angemerkt werden, dass die Ergebnisse aus dieser Hausarbeit nicht die Allgemeinheit wiederspiegeln, da ein aussagekräftiges und reproduzierbares Forschungsergebnis einem weitaus größeren Umfang an befragten Teilnehmern bedarf. Für eine weitere und größere Umfrage wäre zum Bespiel die Frage interessant, ob die Unternehmensinhaber bereits Vorkenntnisse über Marketingmaßnahmen haben, um Aufschluss über den Erfolg bzw. Misserfolg zu erhalten.

## Literaturverzeichnis

Baur, Nina, und Jörg Blasius. *Handbuch Methoden der empirischen Sozialforschung*. Springer-Verlag, 2014.

Bryman, Alan, und Emma Bell. *Business Research Methods 3e*. OUP Oxford, 2011.

Kollmann, Tobias. *Online-Marketing: Grundlagen der Absatzpolitik in der Net Economy*. W. Kohlhammer Verlag, 2007.

Kreutzer, Ralf T. *Online-Marketing*. Springer-Verlag, 2019.

Lammenett, Erwin. *Praxiswissen Online-Marketing: Affiliate- und E-Mail-Marketing, Keyword-Advertising, Online-Werbung, Suchmaschinen-Optimierung*. 2. Aufl. Gabler Verlag, 2009.

Mayring, Philipp. *Einführung in die qualitative Sozialforschung: Eine Anleitung zu qualitativem Denken*. Beltz, 2016.

Misoch, Sabina. *Qualitative Interviews*. Walter de Gruyter GmbH & Co KG, 2014.

Olbrich, Rainer, Carsten D. Schultz, und Christian Holsing. *Electronic Commerce und Online-Marketing: Ein einführendes Lehr- und Übungsbuch*. Gabler Verlag, 2015.

*Praxiswissen Online-Marketing: Affiliate- und E-Mail-Marketing, Suchmaschinenmarketing, Online-Werbung, Social Media, Online-PR*. 5. Aufl. Gabler Verlag, 2015.

Prevezanos, Christoph. *Computer-Lexikon 2012*. Pearson Deutschland GmbH, 2011.

*Qualitative Inhaltsanalyse: Grundlagen und Techniken*. Beltz, 2010.

Raab, Andrea E., Andreas Poost, und Simone Eichhorn. *Marketingforschung: Ein Praxisorientierter Leitfaden*. W. Kohlhammer Verlag, 2009.

Schulz, Tilman. *Der Einsatz von Suchmaschinenmarketing als Instrument zur Neukundengewinnung bei internetbasierten Serviceleistungen am Beispiel FRESH Professional Services V.O.F.* diplom.de, 2010.

Schwarz, Torsten. *Erfolgreiches Online-Marketing - inkl. Arbeitshilfen online: Das Standardwerk*. Haufe-Lexware, 2018.

Sternberg, Andre. *Oberster Affiliate Marketing Assistent: „Der ultimative Leitfaden für einen komfortablen Lebensunterhalt mit Affiliate-Marketing!"* neobooks, 2019.

Stuber, Lukas. *Suchmaschinen-Marketing: Direct Marketing im Internet*. 1., Zürich: Orell Fuessli, 2004.

Szyperski, Norbert, und Klaus Nathusius. *Probleme der Unternehmungsgründung : eine betriebswirtschaftliche Analyse unternehmerischer Startbedingungen.* 2. Aufl. Lohmar [u.a.] : Eul, 1999.

*Wissenschaftliches Arbeiten: Wissenschaft, Quellen, Artefakte, Organisation, Präsentation.* W31 GmbH, 2008.

**Internetquellen**

„BERÜHMTE ZITATE - Bill Gates". Zugegriffen 17. Februar 2020. https://www.quotez.net/german/bill_gates.htm.

Statista. „Mobile Onlinewerbung: Umsatzentwicklung bis 2023". Zugegriffen 16. Februar 2020. https://de.statista.com/statistik/daten/studie/165574/umfrage/umsatzentwicklung-von-mobiler-onlinewerbung-seit-2005/.

sevDesk. „Affiliate Marketing – Erfolgreich ins Business starten!", 21. August 2019. https://sevdesk.de/blog/affiliate-marketing-business/.

# Anhang

## Anhang 1: Interviewleitfaden

| Leitfragen, Erzählaufforderungen | Memo Spalte | Konkrete Fragen | Fragen zur Gesprächsflussaufrechterhaltung |
|---|---|---|---|
| Erzählen Sie mir bitte aus ihrem Alltag. In welcher Form/Ausprägungsart begegnet Ihnen Online-Marketing?<br><br>- Fällt Ihnen diese Werbung konkret auf? | -vertraut mit der Anwendung dieser Medien? | Empfinden Sie diese Werbung als nervend?<br><br>Welche Medien haben Sie zur privaten Nutzung? | Können Sie mir hierzu Beispiele nennen? |

| | | | |
|---|---|---|---|
| In Vergleich zu Ihrem Unternehmen, welche Medien oder Arten des Online Marketings nutzen Sieberuflich? | -eigene Unternehmenswebsite?<br><br>-Verknüpfungen zu anderen Seiten? | Mich würde noch Interessieren in welchem Ausmaß Sie dies nutzen? | Meinen Sie, diese Anzahl/ Arten des Marketings ist für Ihr Unternehmen / Ihre Branche ausreichend? |
| | - Betreiben Sie schon lange diese Marketingaktivität? | | |
| Welche betrieblichen Ressourcen haben Sie, um Online Marketing zu betreiben? (im Sinne von digitalen als auch persönlichen R.) | - | Sehen Sie das als überdurchschnittlich an? | Können Sie mir konkrete Beispiele zu Ihren Aktivitäten nennen? |
| | - Woher wissen bzw. wussten Sie, was Sie für Ihr Online-Marketing benötigen? | | |

| | | | |
|---|---|---|---|
| Erzählen Sie mir bitte wie viele Aufwendungen (monetär und zeitlich) müssen Sie ungefähr leisten für Ihr Online Marketing? | -Kostenaufwand zu hoch? -Zeitaufwand zu hoch? | Sehen Sie diese Aufwendungen als Unabdingbar an? | |
| - Wie sehen Sie das Ausmaß dieser Aufwendun gen an? | | | |
| Finden Sie eine (erhöhte) Nutzung von Online Marketing Aktivitäten für die Zukunft Ihres Unternehmens als relevant? | - Marktorientierung -Wettbewerber | Sehen sie potentiale für Ihr Unternehmen im Online Marketing? | Bitte nennen Sie mir 2-3 Gründe wieso? |
| Vorletzte Frage: Meinen Sie, wenn Sie in Zukunft mehr Geld bzw. Zeit für Ihre Online Werbung ausgeben würden, dass sich dies positiv auf Ihr Umsatz auswirken könnte? | - Umsatzsteigerung ? -Mehr Reichweite? -Akzeptanz? | Können Sie bitte beschreiben, woran Sie Ihre Aussage festmachen? | |

| | | Wir sind jetzt am Ende unseres Interviews angelangt. Möchten Sie noch etwas ergänzen? | |
|---|---|---|---|

## Anhang 2: Kodierungsschema

| | Kategorie Bezeichnung | Definition | Ankerbeispiel | Codier Regel |
|---|---|---|---|---|
| OK 1 | Online Marketing | Alle Marketing Maßnahmen, die dazu beitragen, die Bekanntheit des Unternehmens und die Absatzsteigerung zu erreichen. | | |
| UK 1.1 | Wissen über Instrumente | Damit ist das Wissen der Befragen Person über jede Art von Marketingaktivitäten gemeint. | „egal, ob man bei YouTube schaut, und permanent irgendwo wieder im unteren Bereich ein Banner eingeblendet wird" (Z. 9-11)<br><br>„ähm also ich denke Google AdWords würde wenig Sinn machen" (Z. 122-123)<br><br>„ich denke ähm ich bräuchte jetzt wahrscheinlich einen Influencer" (Z. 166-168) | |
| UK 1.2 | Eigens genutzte Instrumente | Die momentan betriebenen Instrumente des Online Marketings von Seiten des befragten selbständigen Unternehmers. | „ich habe natürlich einen Händleraccount und man kann dann schon sagen, dass das letztendlich online Marketing ist, weil ich letztendlich [...] meine Fahrzeugangebote, meine Fahrzeuganzeigen sozusagen online stelle" (Z. 42-45) | Damit sind die derzeit aktiv betrieben online Marketing Aktivitäten gemeint. |

23

| | | | „ich habe noch bei einer britischen Plattform […] habe ich noch inseriert" (Z. 152-153) | |
| | | | „„ dass er dann auf Meine Seite kommt" (Z. 93) | |
| | | | „ich erstelle regelmäßig von nahezu allen Fahrzeugen ähm Videos" (Z.105-106) | |
| | | | „in der Regel ähm habe ich als Marketingmaßnahme auch Dropbox" (Z.111-112) | |
| OK 2 | Einflussfaktoren | Alle Faktoren, die die Marketingaktivität eines selbstständigen Unternehmers tangieren. | | |
| UK 2.1 | Individuelle Einschränkung | Die eigenen Marketing Instrumente, die aufgrund von der Branche gewählt werden. | „ähm online Marketing im Sinne von Werbebanner schalten oder buchen macht für mich jetzt keinen Sinn, denn ich bin Automobilkaufmann ähm und ähm biete meine Fahrzeuge letztendlich in den bekannten großen Bösen an" (Z.24-27) | Damit ist die begründete Nutzung der jeweiligen Online Webemittel genannt, welche aufgrund des Berufsfeld gewählt wird. |

| UK 2.2 | Aufwandsfaktor | Damit werden alle Kosten und Zeitaufwendungen für das Online Marketing verstanden. | „natürlich sind die ähm die Bösen kostenpflichtig, das heißt circa um die 350 € monatlich bei Mobile und circa ähm 200 € bei Autoscout" (Z. 54-56) |  |
|---|---|---|---|---|
|  |  |  | „dafür benötige ich auch relativ viel Zeit" (Z. 75) |  |
|  |  |  | „muss man davon ausgehen ähm, dass man ein bis zwei Stunden an der Bildgestaltung dran ist[..] wobei die Autos, die Fahrzeuge natürlich auch länger sich im netzt befinden, also es ist nicht so dass ich nicht jeden Tag ähm fünf Autos neu eingeben muss, also es ist alles ihm Rahmen" (Z. 75-80) |  |
|  |  |  | „ich musste alle Texte ins Englische übersetzen, das war ein relativ großer Aufwand" (Z. 154) |  |
| UK 2.3 | Misserfolge | Damit werden alle Online Marketing Aktivitäten verstanden, die misslungen sind und zu keinem Mehrwert geführt haben. | „Es gibt eine ähm Luxusplattform […] dort habe ich gedacht,, wenn ich für drei Monate 2.000€ investiere, die auch sehr teuer ist , die Plattform, dann ähm könnt ich mir |  |

| | | | | |
|---|---|---|---|---|
| | | | vorstellen, ähm dass ich im Luxusfahrzeugbereich ähm […] Kunden Schaft generieren könnte, was mir aber nicht gelangt, also das war definitiv fehlt investiertes Geld" (Z.122-130) | |
| | | | „gibt es ein Basic Package ein Medium Package und ein ähm Luxus oder Premium Package […] auch das habe ich probiert, dann kommen ähm, dann verdoppelt sich eben der monatliche Preis, es hat nichts gebracht […] wirklich, es war rausgeworfenes Geld" (Z.139-145) | |
| | | | „ich habe noch bei einer britischen Plattform […] habe ich noch inseriert [ …] ähm ich glaube bis heute hat einer angerufen" (Z.152-155) | |
| OK 3 | Bedeutung von Online Marketing | Damit ist die Sicht des befragten Person gegenüber Online Marketing gemeint. | | |
| UK 3.1 | Persönliche Einstellung | Damit ist die persönliche Einstellung gegenüber dem | „es ist einfach nervig und ich persönlich nehme sie auch nicht bewusst wahr" (Z.12) | |

| | | Online Marketing gemeint. | „was mich ärgert, das lehne ich ab, und so empfinde ich online Werbung" (Z.13)<br><br>„ich habe sowohl noch in den Printmedien […] meine Fahrzeuge angeboten ähm und die Resonanz darauf war für meine Begriffe deutlich höher, als sie heute über die weitaus größere Erreichbarkeit ähm durch die Onlinemedien ist" (Z.27-32)<br><br>„der Kunde schafft es kaum, an die eigentliche ähm Message meines Angebots zu kommen, weil er erstmal ähm überflüssige, für meine Begriffe überflüssige und nervige Werbung wegklicken muss" (Z.32-35)<br><br>„man fühlt sich da ähm, das ist jetzt ein blödes Wort, alleingelassen, aber so ähnlich empfinde ich es schon mal wir so bisschen überrollt, ich dachte noch ähm Mensch Facebook solltest du rein, | |

| UK 3.2 | Persönliche Einschätzung | Damit ist die persönliche Einschätzung gegenüber dem Online Marketing, auch auf dem Mark bezogen, gemeint. | mittlerweile ein alter Hut, jetzt ist man bei Instagram" (Z. 191- 196) "ja im Online Marketing sicher, es gibt sicherlich Möglichkeiten für größere Firmen […] für mich weniger" "es ist, ähm es wird deutlich schwieriger auf dem Markt" (Z.137- 139) "ich bin quasi gezwungen, ähm mich diesbezüglich neu zu orientieren und dass wir mich Sicherheit nicht einfach, denn die Margen sind massiv gefallen" (Z. 175- 177) "es wird nicht einfacher" (Z. 196) "man ist gezwungen am Ball zu bleiben, man muss sich sicherlich versuchen permanent neu zu orientieren, aber ähm es bleibt für Mittelständler für ich sicherlich sehr schwierig am Markt und wir immer schwieriger, definitiv" (Z. 203- 206) "es ist ein Überangebot am Markt, es bestehen keine | |
|---|---|---|---|---|

| | | | gleichen Voraussetzungen für den Wettbewerb [...] und da hilft letztendlich auch das Marketing mehr nichts" (Z. 220- 224) | |
| | | | „was ich gehört habe bis dato, soll diese ähm online Marketing richtig viel Geld kosten" (Z.177) | |
| | | | „und ich kenne auch niemanden, der mir das letztendlich mal ähm erklären könnte, so erklären könnte und mit mir eine Strategie ausarbeiten könnte, ohne s hon im Vorfeld eine dicke Rechnung zu stellen" (Z. 183- 185) | |